AF230200

Ce livre, commencé il y a deux ans dans
la plénitude des joies les plus saintes que la
vie puisse donner, a été achevé au milieu
des souffrances, quelques jours avant le sacrifice le plus entier que Dieu ait jamais demandé
à une âme, après l'avoir comblée de ses dons.
Rien n'y porte l'empreinte d'une émotion personnelle : les pages que nous avons sous les
yeux restent silencieuses, et nous leur de-
manderions en vain ce qu'avec une ardeur

d'espérance toujours déçue, nous demandons
sans cesse aux objets matériels eux mêmes,
quelque chose de ceux qui les ont approchés.
« Pourquoi chercher parmi les morts celui qui
est vivant? » nous répond une voix intérieure
qui nous console et nous abat tout à la fois.
Ces prières, ces ardentes actions de grâces,
puis ces troubles secrets, et enfin ces efforts
énergiques que la princesse de Broglie offrit
sans doute à Dieu, nous les retrouvons con-
fondus avec les prières des saints dont elle
nous raconte l'histoire, unis au récit de leurs
épreuves et de leur héroïque soumission. Nous
ne soulèverons pas le voile étendu sur les pensées intimes de ses derniers jours, et nous ne
voulons la rappeler que par l'esquisse d'une
vie chrétienne, commencée et finie sous l'œil
de Dieu, sans un oubli de sa présence, sans une
déviation de la route tracée par lui, et dans
l'accomplissement de ces devoirs simples qui
apportent avec eux leur ample récompense.
Une telle vie, il est vrai, semble échapper

à l'observation; elle ressemble à ces beaux
jours d'été qui s'écoulent paisibles et lumi-
neux, n'offrant d'autres alternatives que la
succession régulière des heures, et qui se
gravent seulement dans le souvenir par la joie
dont ils ont inondé l'âme. L'ordre de la nature n'attire pas les yeux, et le monde passe-
rait souvent près de ces lumières cachées
sans se douter qu'elles brillent près de lui, si
dans sa bonté Dieu n'avait mis quelque signe
qui fixe le regard des plus indifférents. C'est
alors vraiment que la beauté extérieure est
un don précieux de sa main, et qu'il semble
avoir pris soin de former lui-même l'enve-
loppe d'une âme, pour qu'en la voyant, le
cœur soit attiré vers le bien. Alors la beauté
des traits n'est plus une vaine apparence,
une fleur d'un moment, mais la forme même
de la beauté intérieure, que l'esprit n'en
sépare plus, et on bénit Dieu de nous avoir
avertis par la pureté angélique répandue sur
un visage, par l'expression suave et brillante

qui fait penser au ciel, que là était une de
ses créatures chéries.

C'est cette beauté, véritable image de son
âme, mais comme étrangère à elle par le peu
de souci qu'elle en avait, qui nous révélait dans
la princesse de Broglie bien des grâces plus
rares et plus précieuses; car « un certain effroi
de paraître, » comme elle le disait elle-même,
la portait à les renfermer. Encore a-t-il fallu,
pour savoir tout ce qu'elle avait en elle de
particularités charmantes, d'impressions très-
vives sous une apparence calme, que le vase
se brisât; alors seulement tous les parfums
se sont échappés.

Il eut été difficile par exemple de deviner
combien sa volonté était énergique, sous une
apparence de timidité qui ne faisait pressen-
tir que la gracieuse faiblesse d'une femme;
combien ses instincts étaient sûrs et prompts
malgré une extrême méfiance d'elle-même.
Ces qualités, elle ne les déployait tout en-
tières que dans l'éducation de ses enfants,

C'est dans la tâche de former de jeunes âmes, de leur donner l'impulsion vers le bien et l'amour du devoir, que se montrait toute sa supériorité naturelle. Toute mère, sans doute, désire le vrai bien de son enfant. Ce que toute mère préfère ou croit au moins préférer en lui, c'est son âme, c'est sa valeur morale; aussi, lorsqu'en cédant à ces fantaisies du cœur, qui se peuvent confondre si aisément avec l'affection, elle en entrave parfois le développement, ce n'est jamais par un acte réfléchi; car si elle voyait clairement ce qu'elle va faire, elle n'hésiterait à sacrifier ni son propre bonheur en ce monde, ni celui de l'enfant lui-même. Mais pour combien, ce que l'on nomme instinct maternel, au lieu d'être une lumière qui prévient et éclaire la volonté, n'est-il qu'un courant qui l'entraîne loin du but! combien ignorent cet amour maître de lui-même, sentiment involontaire et raisonné tout à la fois, qui n'affaiblit pas les âmes jeunes, parce que de ses

ardeurs passionnées il ne leur laisse voir
qu'une vigilance incessante !

Quand la princesse de Broglie parlait de ses
enfants, on sentait bien une flamme intérieure, mais quand elle s'adressait à eux, le
son de sa voix toujours égal ne trahissait aucune des émotions que leur vue excitait pourtant en elle. Qui ne l'eût bien connue l'aurait
pu croire distraite quand on les voyait courir,
s'ébattre librement autour d'elle, tandis qu'elle
continuait son travail ou un entretien commencé; mais son œil les avait suivis, et on
s'étonnait d'une obéissance si entière à qui ne
semblait jamais commander. Ce don de disci-
pliner les âmes en leur laissant une grande
liberté d'allure, de les conduire sans effort,
d'une main si légère que celui qui dirige
semble à peine avoir plus conscience de l'impulsion donnée que celui qui la reçoit, nul ne
l'avait peut-être à un plus haut degré que la
princesse de Broglie. Que de puissance dans
l'unité de la volonté ! Que de temps perdu

au contraire à disséminer ses désirs, puis à
les rassembler, épars, quand il faut enfin les
concentrer! Et combien les enfants sont ha-
biles à prendre leur voie au travers de nos
hésitations, à prévoir la réaction de tendresse qui va suivre un effort de fermeté
dont ils ont vite mesuré la valeur! La princesse de Broglie marchait à son but d'un
pas ferme et uni, sa volonté ne s'égarait pas
sur mille points à la fois, elle savait toujours
et rapidement ce qu'elle voulait, et dans la
vivacité de son sentiment maternel elle trouvait des clartés toutes spéciales. Former pour
Dieu des créatures dignes de lui, rester toujours fidèle à l'ordre qu'il a lui-même établi
dans ses œuvres, et n'attribuer à chaque don
que sa juste valeur relative, la force du corps
protégeant le développement de l'esprit, et
l'esprit venant aider au complet épanouissement de l'âme, voilà ce qu'elle s'était proposé
et ce qu'elle indiquait elle-même dans quelques pages malheureusement inachevées.

« Quand un enfant vient au monde, y est-il
« dit, sa mère le reçoit dans ses bras, l'enve-
« loppe de langes, le couche dans un berceau,
« le nourrit de son lait, et prend soin à cha-
« que heure du jour, à chaque instant de la
« nuit, de cette frêle créature que le ciel lui
« envoie. Bientôt elle lui apprendra à se tenir
« droit, à marcher, à balbutier, à parler ;
« puis elle lui enseignera l'usage des choses
« qui l'entourent, elle lui apprendra à se
« servir des unes, à craindre l'effet des au-
« tres. Elle lui fera voir où il y a du danger
« pour lui, mais elle voudra qu'il exerce ses
« membres, qu'il coure, qu'il joue en liberté ;
« elle veillera à ce que son corps se déve-
« loppe sain et fort, et elle fera pour cela
« tous les sacrifices, n'épargnant aucune
« peine, aucun souci. Elle sait que son enfant
« a besoin d'un corps robuste, de l'usage de
« tous ses membres pour apprendre un état,
« gagner sa vie, être indépendant et capable
« de se servir lui-même et de servir l'État.

« De même qu'elle se croit chargée de pré-
« parer l'avenir de son enfant en prenant
« soin de ses premiers jours et en lui appre-
« nant la vie matérielle, de même elle se sent
« chargée de lui apprendre à connaître Dieu;
« elle sait qu'elle doit aussi lui donner les
« moyens de vivre d'une vie spirituelle aussi
« bien que d'une vie corporelle. Aussi, dès
« qu'il montrera quelque signe d'intelligence,
« elle prendra sa petite main et lui fera faire
« le signe de salut, le signe de la croix; puis,
« lui montrant le ciel, elle lui répétera sou-
« vent que c'est là la demeure du bon Dieu;
« dès qu'il parlera et comprendra ce qu'on
« lui demandera, elle fera ployer ses petits
« genoux et lui apprendra ses prières. Là
« s'arrêtent trop souvent ses soins, et cepen-
« dant n'a-t-elle rien de plus à faire pour pré-
« parer le cœur et l'esprit de son enfant à
« devenir chrétien dans la vie comme elle a
« préparé son corps à devenir apte à tous les
« devoirs de l'humanité? — Non, sans doute,

« elle n'en restera pas là... elle a une science
« religieuse comme elle a une science morale
« à sa portée, qu'elle cherchera à faire entrer
« dans son esprit... Bien des mères se con-
« tentent d'apprendre à leur enfant à prier
« Dieu... Le catéchisme, l'école, voilà les deux
« maîtres qu'elles invoquent et qu'elles char-
« geront de tout faire : passe encore pour
« l'instruction, mais l'amour du devoir, l'a-
« mour du bien, qui le leur inspirera, si ce
« n'est la mère? C'est elle qui a la vraie auto-
« rité, c'est elle qui inspirera les sentiments,
« c'est elle qui a la confiance... Ses leçons
« pleines d'amour se gravent dans le cœur,
« elles entrent dans la moelle des os... Rien,
« non, rien ne peut valoir, ne peut rempla-
« cer les leçons d'une mère et cette inquié-
« tude fiévreuse, cette ardeur et ce trouble
« avec lesquels elle cherche à assurer la vie
« de l'âme de son enfant, son avancement et
« son perfectionnement. »

Non, rien ne peut les remplacer, mais la mort n'a pas le pouvoir de les interrompre; elles continuent plus solennelles; plus pénétrantes aussi, et achèvent silencieusement leur œuvre.

« Je connais une mère, continue la prin-
« cesse de Broglie, qui, au moment de la mort
« de son fils, qui lui était ravi par une lon-
« gue et pénible maladie, au moment où sa
« tête se penchait et où il rendait le dernier
« soupir, au lieu de pleurer et de pousser
« des cris déchirants, restait à genoux près
« de son lit, la main dans la main de son en-
« fant et le regard vers le ciel, où elle suivait
« son âme qui paraissait devant Dieu. Tout
« entière à ce redoutable moment, elle ou-
« bliait sa douleur et croyait assister au ju-
« gement de cette âme qui lui avait été con-
« fiée et de laquelle elle se sentait appelée à
« répondre, de sorte qu'il lui semblait que
« son propre jugement était commencé... Le

« jugement d'une mère est prononcé par Dieu
« chaque fois qu'un de ses enfants paraît de-
« vant lui. Prenons donc soin de ces chères
« et bien-aimées âmes, et donnons-leur aus-
« sitôt et aussi longtemps que nous le pour-
« rons tout l'aliment dont nous sommes ca-
« pables. »

Cette touchante histoire nous semble, mieux
que des paroles, raconter l'âme maternelle de
la princesse de Broglie. On ne s'étonne pas de
cette tendresse si grave à l'âge où toutes les
pensées prennent naturellement une teinte
sérieuse, mais elle frappe à cette époque de
la vie où, pour la plupart des mères, un enfant n'est qu'une gaieté de plus. La princesse
de Broglie n'avait pas vingt ans quand, à la
naissance de son premier enfant, elle écri-
vait :

« Cet enfant, le premier que j'aie eu, occu-
« pait depuis longtemps une place dans mes

« rêves de bonheur, et la possession de cet
« être aimé avant d'exister leur donnait une
« réalité charmante. Pourtant quelle dif-
« férence entre l'enfant plein de grâce que
« l'imagination vous représente et la créa-
« ture frêle et débile que la nature vous re-
« met entre les mains! A sa vue tous vos plans
« d'éducation tombent à la fois, et cèdent le
« premier rang aux soins maternels, qui ont
« avant tout la vie pour objet : mais *a poca*
« *favilla gran fiamma seconda*. Que d'espé-
« rances, de désirs passionnés ne renferment
« pas ces premiers soins!... Comme on se sent
« fort auprès de son enfant ! physiquement
« pour le défendre, moralement pour dompter
« ses propres passions et son égoïsme. Admi-
« rable Providence que celle qui nous dégage
« de la terre à mesure que la vie nous y atta-
« che par des liens plus forts ! qui prend soin
« de notre perfectionnement et développe,
« par le simple cours des événements ordi-
« naires, les trésors cachés de notre cœur. Er.

« effet, à mesure que par la possession en-
« tière de nos facultés et de notre intelligence
« nous nous étendons dans la vie, elle prend
« plus d'empire sur nous, nous la trouvons
« plus douce, et elle nous offre dans l'amour
« des joies jusqu'alors inconnues, qui nous
« lient à elle comme avec des chaînes indis-
« solubles. — Qu'arriverait-il alors si la Pro-
« vidence ne venait à notre aide? notre cœur
« s'attacherait tout à fait à la terre; mais le
« remède est dans le mal même : à son insu,
« la maternité l'enlève peu à peu à lui-même
« et lui donne l'habitude du dévouement,
« presque sans le secours de la volonté. »

Chaque page des journaux intimes que
nous avons sous les yeux est pleine de ces
accents si vrais. A côté des émotions les plus
vives et les plus délicatement exprimées, on
trouve je ne sais quoi de viril : car ce sont
des fils qu'elle élève et son sentiment s'inspire
de ceux à qui il s'adresse. Les élans de joie

et d'orgueil maternel qui échappent, comme
malgré elle, de la plénitude de son cœur sont
contenus par le souvenir toujours présent de
la responsabilité.

« Je vais vous dire, écrit-elle quand ses en-
« fants sont encore tout jeunes, mes plans
« d'éducation, que voici, en résumé, défini-
« tivement arrêtés dans ma pensée : une vie
« régulière et même monotone, pour que les
« enfants apprennent à se créer des jouis-
« sances par eux-mêmes; de temps en temps
« de grandes joies, pour leur ouvrir l'esprit,
« et toujours en famille, pour que les souve-
« nirs en soient plus doux; une grande liberté
« dans leur conduite particulière, avec la
« responsabilité de leurs actions; de gran-
« des lignes, telles que l'obéissance et le res-
« pect, qu'il ne faut jamais laisser dépas-
« ser; jamais de moquerie, et jamais de
« manque de confiance... Je suis convaincu
« qu'avec cette conduite, les bonnes natures

« doivent se façonner elles-mêmes beaucoup
« mieux que par une attention continuelle et
« des soins excessifs. Le caractère un peu
« abandonné à lui-même se fait plus original
« et plus fort : il pousse peut-être plus irré-
« gulièrement, mais il prend son niveau tout
« comme chez ceux qui sont tenus plus éga-
« lement, et n'en acquiert ensuite que plus
« d'aplomb. »

Un peu plus tard, nous retrouvons un sentiment analogue dans ces lignes :

« Je redoute un peu pour les enfants l'at-
« tention et la préoccupation des grandes per-
« sonnes. Je crois qu'elles leur sont souvent
« nuisibles. Les enfants prennent le change
« et prennent les témoignages d'affection
« comme une preuve de l'importance qu'ils
« s'attribuent. Si je ne me trompe, c'est là
« l'écueil de bien des éducations dans des
« intérieurs excellents. Il faut que l'enfant le
« plus cher puisse mesurer d'un coup d'œil

« la place extrêmement petite qu'il tient en
« ce monde. »

Puis, retrouvant ses enfants après une première séparation :

« Je dors mal; le moindre bruit me fait
« croire que ce sont les enfants qui arrivent :
« enfin, vers huit heures, il se précipitent
« dans ma chambre; je sens mes larmes cou-
« ler en les baisant mille fois. Ils sont grands,
« forts; je les admire. Mais dans quel état
« moral sont-ils? Qu'a fait l'absence? Elle
« agit sur ces petits êtres encore plus que sur
« les hommes; la nature a tant à faire pour
« amener son œuvre à bien!... »

Que de tendresse dans les lignes qui sui-
vent, écrites pendant un voyage d'agrément
qui avait séparé quelques jours les enfants
de leur mère! Comme l'on sent un cœur que
rien ne peut distraire, et comme l'imagination, à peine un instant attirée par la vue

d'objets nouveaux, se recueille vite en elle-même, réservant toutes ses couleurs les plus brillantes pour en revêtir d'intimes pensées, des souvenirs plus présents que tout ce qui semble fixer les regards !

« Pendant qu'on causait gaiement, je pen-
« sais à mes petits, et alors le plaisir que
« j'éprouvais me paraissait bien léger. Il me
« semblait qu'auprès d'un baiser donné à mes
« enfants, tous les voyages, toutes les dis-
« tractions du monde étaient peu de chose,
« et je jouissais de ce que le bon Dieu a
« mis le bonheur si près de nous, à la portée
« de tous et pour tous. J'étais contente de
« sentir que les vrais biens de ce monde sont
« tous enfermés sous le toit qu'on habite, et
« qu'au lieu de dire avec le proverbe : *Là où*
« *la chèvre est attachée il faut qu'elle broute,*
« on peut dire avec plus de vérité : Là où la
« chèvre est attachée, là où elle broute, sont
« les vrais biens de la vie. Là seulement,

« autour de ce poteau et de cette herbe qu'elle
« voit sans cesse, elle a l'illusion de la durée,
« d'une vie qui passe sans s'effacer, de sou-
« venirs toujours vivants, tandis qu'en voyage
« tout est fugitif, l'impression, l'heure et le
« lieu. »

S'il ne nous restait de la princesse de Broglie d'autre image que celle de ce bonheur si
pur, exemple fécond pour le monde, d'autre
souvenir d'elle que des êtres formés pour le
bien ; nous n'hésiterions pas sûrement à bénir
son passage, et à répéter avec ceux qui la
pleurent, « C''était la femme véritable. » Mais
bien que la louange, le succès, sous quelque
forme que ce fût, n'ait jamais été pour elle
un mobile, elle ne s'était pourtant pas ren-
fermée exclusivement dans ses devoirs intimes
de chaque jour ; elle trouvait des heures pour
bien des occupations désintéressées qui té-
moignent de facultés très-diverses. Son in-
souciance du succès, une certaine lenteur
rêveuse ne laissaient pas découvrir au pre-

mier abord l'activité de son esprit, cette activité plus productive mille fois que l'agitation.
A nul moment on ne la voyait pressée; on
l'aurait crue presque inoccupée, et nulle jour-
née pourtant ne portait plus de fruits que les
siennes. Nous ne voulons pas parler d'œuvres
de charité bien nombreuses, poursuivies au
delà de ce que lui permettaient ses forces,
avec une vivacité d'amour pour les pauvres et
un ordre, une sagesse très-rares à trouver
réunis; elle n'aimerait pas à les entendre
rappeler, et il vaut mieux en confier le souvenir à ces pauvres près desquels elle avait
tant de plaisir à passer plusieurs heures le
samedi de chaque semaine, même à travers
la vie du monde. Elle leur a beaucoup donné
de son cœur et de son temps; mais elle a
beaucoup donné de son intelligence aussi, et
de son travail à d'autres âmes encore qu'à
celles dont elle était plus spécialement chargée. Bien des mères ont entre les mains ses
excellents récits du Nouveau et de l'Ancien

Testament, où sans jamais rien ôter à la grandeur des livres saints ; sans en rabaisser le langage, elle choisit dans le texte sacré avec une intelligence très-fine ce qui peut toucher des cœurs d'enfant. Ses deux volumes de récits tirés de la *Vie des Saints*, qu'on publie ici, ont été faits avec autant d'oubli d'elle-même ; mais le sujet même la forçait à s'y montrer davantage. On est frappé de l'aspect nouveau qu'elle a découvert dans des faits déjà connus, de la sagacité avec laquelle elle a donné à la fois de l'unité et de la diversité à un sujet par sa nature uniforme et sans enchaînement apparent.

La perfection, tout en charmant notre cœur, a quelque chose qui effraye et dépasse les puissances de notre imagination ; elle lui donne le vertige ; pour la faire pénétrer en nous, il faut pour ainsi dire la restreindre, et la resserrer aux proportions de notre regard, qui ne sait fixer qu'un point à la fois. Ceux qui ont proposé à notre respect les traditions de la vie des saints en ont surtout conservé les traits les plus généraux. Éblouis par l'éclat de l'auréole dont ils sont environnés, nous ne distinguons plus les traits de leur physionomie personnelle, et tous nous semblent flotter dans une égale lumière. Chacune de ces figures bienheureuses a pourtant, pour celui qui veut l'étudier, une physionomie à elle; pour triompher des épreuves, la grâce s'est revêtue dans les saints de toutes les formes les plus diverses; tous ont regardé le même ciel en marchant sur la terre; mais quelles allures différentes dans ces chœurs de vierges, d'enfants, d'épouses chrétiennes! Les unes, n'ayant qu'effleuré la vie, semblent courir au but sans un regard jeté en arrière; d'autres s'élèvent à Dieu lentement par la souffrance; d'autres encore ayant connu tous les sentiments, aimé avec ardeur tout ce que Dieu a permis d'aimer, quittent à son appel tous ses dons fidèlement gardés, et s'élancent vers lui par un effort généreux.

En détachant dans la vie de chaque saint
une vertu particulière du cortége des vertus
qui l'entourent, la princesse de Broglie nous
porte à méditer plus attentivement sur des
exemples qui sont comme rapprochés de nous,
et éveille pour le saint lui-même une sympathie plus vive et moins stérile. Le récit est
fait d'un style simple et ferme, qui dénote
une âme ferme aussi, à l'aise dans les grandes
pensées et les actions héroïques qu'inspire la
foi. Pour la princesse de Broglie, faire de la
foi l'unique règle de sa vie, espérer jusqu'à
rendre douces toutes les souffrances, aimer
jusqu'à ne mettre nulle comparaison entre
tout le bonheur de la terre et les joies du ciel,
c'est là l'état naturel de l'âme, et l'on sent, à
la façon dont elle parle des saints et des mar-
tyrs, qu'ils lui inspirent plus de sympathie que
d'étonnement; l'ardeur de sa foi n'ôte rien à
la sobriété du langage; nulle exagération
dans l'expression ni dans la pensée. La perfection chrétienne n'y est jamais présentée

comme accessible aux seules forces humaines;
mais jamais non plus elle n'est placée en dehors de l'action de notre volonté, ou réservée
à ces vocations exceptionnelles qui fourni-
raient une sorte d'excuse à notre faiblesse.
Nous ne citerons rien de ce travail, que la
princesse de Broglie avait permis de publier,
et qu'on peut lire ici tout entier.

Mais nous aimerions à faire connaître en elle
ce que la modestie dont elle s'était environ-
née cachait trop peut-être; ces germes d'un
vrai talent, don direct de Dieu, trésor déposé
par lui-même en quelques-uns comme la perle
au fond des mers! L'étude ne les saurait créer;
nulle intelligence, non plus, ne les a jamais
su communiquer à une autre. La princesse de
Broglie les avait en elle et redoutait pour eux
la lumière. Quand sa belle image revient au
cœur, le mot même de vanité s'évanouit aussitôt; mais des éloges qu'elle n'eût jamais re-
cherchés, elle eût aimé à les lire dans un seul
regard; c'est pour lui qu'elle nous permet de

les désirer. Chaque jour, d'ailleurs, par ses lettres intimes, par ses conversations à voix basse, ses amis pénétraient davantage jusqu'aux délicatesses de son esprit, et si le ciel nous l'eût laissée plus longtemps, sans perdre une certaine réserve qui éloigne les indifférents du sanctuaire de l'âme, elle leur eût fait une part plus généreuse de son bonheur, de ses talents, de ses facultés. Le monde se croit, non sans quelque raison, une sorte de droits sur ces biens qu'il a entrevus; c'est là ce surplus des riches qu'ils ne doivent pas retenir; faire rayonner autour de soi tous les bienfaits reçus, n'est-ce pas là une des mille formes de la vraie charité?

La princesse de Broglie elle-même le sentait bien, car elle se reprochait par moments la difficulté qu'elle éprouvait à se mettre en communication avec ceux qui l'approchaient. « Je ne sais comment je suis faite, évrivait-« elle, le prochain que je connais peu me « glace; il me faut un constant effort de rai-

« son pour lui donner quelque chose ; il me
« faut être entré dans le domaine intime des
« gens pour m'y trouver à l'aise et avoir du
« plaisir avec eux. Vraiment, je regrette de
« n'avoir pas un peu plus de vanité ; le désir
« de plaire, de faire effet, me rendrait d'im-
« menses services, et ne serait pas de trop
« pour lutter contre ma sauvagerie natu-
« relle. » En laissant entrevoir à des amis ce
qu'une excessive timidité leur dérobait, nous
ne croyons pas aller contre sa volonté.

Nous prendrons au hasard parmi les notes
écrites à différentes époques, en différents
lieux. Aussi bien, à toutes ces époques, en chaque lieu elle reste toujours si semblable à
elle-même, dès son entrée dans la vie son
cœur s'élève si naturellement aux pensées les
plus hautes, et plus tard il conserve si intacte
sa première fraîcheur, que le temps ne paraît avoir aucune prise sur elle.

Entre ses journaux écrits à Rome en 1846
peu de temps après son mariage, et ses der-

nières notes prises au retour de Pau, treize ans plus tard et six mois avant sa fin, rien n'annonce la marche des années. A peine si la maladie un instant jette un voile sur son âme ; les soins l'importunaient : d'une main d'enfant rebelle au mal, elle repoussait loin d'elle les tristes pressentiments. « La sécurité et l'es- « poir remplacent la crainte de « l'avenir, » écrit-elle aussitôt que le mal s'éloignait ; « mon âme s'abîme dans la joie et dans la re- « connaissance. » Il semble que, dès ce monde, Dieu ait fait don de l'éternelle jeunesse aux âmes qu'il s'est réservées : il ne permet ni à l'inquiétude de séjourner en elles, ni à la dou- leur de les flétrir, et veut nous les laisser dans le souvenir telles qu'elles nous ont apparu au jour de leur plus complet épanouissement sur la terre.

« Rome, 1846.

« Nous avions repris nos charmantes prome-
« nades de l'été, et pour leur donner un but
« précis, nous suivions ce qu'on appelle les
« stations, qui consistent dans un pèlerinage
« à une petite église isolée ou à une chapelle
« de couvent écartée, qui s'ouvrent ce seul
« jour-là pour l'adoration du Saint-Sacrement;
« elles offrent presque toujours quelque chose
« de curieux à voir : une belle peinture, un
« tombeau souterrain, des marbres précieux.
« Le silence, la paix qui les environnent, le
« recueillement de ceux qui s'y trouvent; tous
« agenouillés pêle-mêle, riches, pauvres, en-
« fants, vieillards, sur la pierre recouverte de
« branches de buis et de romarin, qui, fou-
« lées aux pieds, y répandent une odeur cham-
« pêtre; leur air d'abandon, qui les fait res-
« sembler à ces *ricoveri* qu'on aperçoit de loin
« en loin sur la neige en passant le mont Ce-

« nis ou le Simplon ; tout cela, qui contraste
« avec l'animation de vos pensées et l'agitation
« de votre vie, rend délicieux les quelques in-
« stants que l'on passe dans ces retraites pieu-
» ses. On y est loin du bruit et comme à l'om-
« bre du sanctuaire pendant les feux du jour.
« Ces visites laissaient dans notre âme une im-
« pression délicieuse. Tout est poésie pour les
« jeunes cœurs qui s'aiment et sont heureux ;
« l'émotion qu'ils ressentent tient plus à eux
« qu'aux objets extérieurs qui le causent ; mais,
« comme le sentiment qui les unit au-dessus
« de cette terre, qui les confond dans Celui
« qui leur a tout donné, et auquel ils rendent
« grâce sans cesse, épure ce bonheur même,
« lui ôte l'égoïsme, le rend doux, égal et bien-
« faisant ! Le bonheur ainsi compris n'est plus
« concentré en lui-même, ses ailes s'étendent,
« et il embrasse un autre monde dans ses
« craintes et ses espérances ; il s'associe à la
« gloire de Celui qui, maître de l'univers, se
« retrouve partout et toujours, a droit à nos

« hommages et ne les force pas : il devient
« amour de Dieu, charité, reconnaissance,
« fleurs délicates, parfums exquis de l'âme; il
« n'est plus à lui-même son propre guide et
« son maître; quelque chose borne ses capri-
« ces, les soumet à une loi plus sainte que lui
« à ses propres yeux, et ainsi il dure autant que
« cette foi qui triomphe des misères de la vie.

« En sortant de ces stations, la nature nous
« paraissait plus imposante, le ciel plus co-
« loré, cette terre brûlée plus magnifique;
« nous sentions nos âmes élargies vibrer au
« moindre souffle, et nos yeux comme dilatés
« embrasser plus d'espace. Rome, dès que
« nous l'apercevions, nous apparaissait comme
« une grande figure, image de l'autre vie,
« nous voyions sortir des ruines et planer sur
« ses restes le corps des basiliques, les dômes
« et les croix; et cette parole de l'Apocalypse
« nous semblait accomplie dès ce monde : « Sur
« les ruines de la grande Babylone s'élèvera le
« temple de l'Agneau. »

« ... C'est du haut de Monte Mario que cette
« image de l'Église du Christ vivante sur la
« capitale du monde est frappante. De là, du
« sommet de ce mont, le plus élevé et le plus
« rapproché de Rome, puisque ses pieds tou·
« chent Saint-Pierre et le Vatican, on découvre
« toute la ville assise entre le Tibre et les mon-
« tagnes de la Sabine ; elle semble dormir au
« soleil comme la baleine sur une mer d'huile ;
« pas un cri ne s'élève de cette vaste enceinte,
« pas une trace de fumée ne sort des toits,
« pas un nuage au ciel ; tout autour d'elle
« est calme, on dirait un tombeau isolé dans
« la campagne... »

Le sentiment de la nature est rare dans la
grande jeunesse ; l'on ne regarde profondé-
ment ni au dedans ni au dehors de soi. L'âme
prodigue de pensées, d'impressions qui se re-
nouvellent sans cesse, ne s'arrête à en retenir
aucune, pas plus qu'à fixer les images qui les
ont suscitées. Sentir à vingt ans les beautés si

diverses et si profondes, nous dirions presque
si.cachées de Rome et de la campagne qui
l'entoure, n'était-ce pas la marque d'un esprit
bien heureusement doué? Si quelques-unes,
en effet, ont de quoi frapper tous les yeux, et
dès le premier aspect, beaucoup ne se com-
prennent d'ordinaire qu'après une longue
connaissance, elles pénètrent l'âme peu à peu ;
on s'y attache alors comme à une personne
qui vous découvrirait ses souvenirs intimes ;
on repasse avec elles tous les jours écoulés,
la succession d'événements qui se confon-
dent dans une même destruction et que d'un
souffle l'imagination rappelle au même temps
devant vous. Rien n'échappe pourtant à l'ad-
miration de cette jeune femme étrangère, ni
la triste grandeur du paysage, que relève
partout le charme de la lumière du Midi, ni
l'exquise délicatesse des lignes, ni même la
grâce nonchalante des caractères, cette absence de *convenu* dans tous les détails de la
vie, qui fait naître un sourire et appelle la

bienveillance. Elle a tout rendu vivement,
ce nous semble, dans cette course d'Ostie,
résumé des impressions les plus variées.

« Une des plus jolies promenades que nous
« ayons faites est celle d'Ostie et de Castel-
« Fusano. Le souvenir m'en est resté extrême-
« ment présent. A six heures du matin nous
« sortions de Rome bien enveloppés dans nos
« manteaux à cause de l'humidité, qui est si
« grande pendant la nuit. La ville était encore
« calme, à peine si les portes de quelques
« églises s'entr'ouvraient. Des hommes cachés
« dans leurs manteaux étaient couchés sur les
« marches ; de petits troupeaux de chèvres
« dormaient paisiblement sur les places, et
« nous les réveillions en passant. Cependant,
« en approchant de l'extrémité de la ville, le
« bruit augmentait ; les *venditori de mellone, di*
« *pizze, di fritelle* commençaient à organiser
« leurs établis. Les *carettini* arrivaient pour
« le marché de la place Navone sur une petite

« place dont j'ai oublié le nom ; on faisait
« déjà la barbe à plusieurs facchini rangés les
« uns auprès des autres, la serviette sous le
« menton et la figure barbouillée ; le sérieux
« des malheureux sur la sellette, l'empresse-
« ment du barbier tournant autour de la chaise,
« étaient vraiment plaisants.

« On sort du côté de la porte Saint-Paul, on
« passe à côté de la pyramide de Cestius et de
« l'église de Saint-Paul, aux trois fontaines
« élevées sur le lieu même où le saint Apôtre
« fut exécuté ; on prétend que sa tête, en rou-
« lant sous la hache, fit trois bonds, et que
« sur la place jaillirent à l'instant les trois
« fontaines qu'on y voit aujourd'hui.

« Le matin était dans toute sa fraîcheur ;
« nous traversions des plaines dont la verdure
« était d'une délicatesse extrême, bien rare
« dans ces contrées, où elle ne dure que quel-
« ques jours. Peu à peu Rome disparaissait et
« nous avancions rapidement. A quelques mil-
« les, nous rencontrâmes sous de grands ar-

« bres, auprès d'une petite auberge, deux
« chasseurs que nous ne reconnûmes pas d'a-
« bord ; c'était M. R..... et son fils, en habits
« de toile, en longues bottes, avec un fusil sur
« l'épaule. Ils avaient fait mauvaise chasse et
« ne rapportaient que trois grives. Nous les
« saluâmes et poursuivîmes notre route à tra-
« vers d'immenses terrains incultes coupés
« seulement de marais et de grands joncs tan-
« tôt déserts, tantôt couverts de troupeaux de
« bœufs, de buffles et de cavales. Quelquefois
« un pasteur, armé d'un long bâton pointu,
« passait à cheval auprès de nous, s'enfonçait
« dans les marais, disparaissait et reparaissait
« tour à tour. Quelquefois on n'apercevait, à
« l'horizon uni, que les cornes des bœufs assis
« et cachés dans les sinuosités du sol. Vers
« onze heures nous arrivâmes à Ostie, c'est-
« à-dire que nous touchions un pan de mur
« délabré, sans ombrage, et des débris de for-
« tifications. En un mot, nous avions sous
« les yeux le spectacle de ce ravage du temps

« dont nous parlons sans cesse et qui serre
« toujours le cœur. Ostie, la corne d'abon-
« dance de Rome, n'est plus qu'un vaste ma-
« rais livré au coassement des grenouilles,
« et si quelques maisons se serrent encore
« autour du château, refuge des palombes,
« les malheureux habitants sont dévorés par
« la fièvre et la misère. C'était pourtant de la
« fenêtre d'une des nombreuses hôtelleries de
« cette grande ville que sainte Monique, ap-
« puyée sur le balcon auprès de son fils Augus-
« tin, transportée par la beauté de la mer qu'elle
« voyait s'étendre au loin, et par la beauté du
« ciel éclairé d'étoiles, cherchait à s'élever
« au-dessus du monde réel, pour toucher, dans
« l'ardeur de son amour, au bonheur qui
« fait la joie du ciel. Soulevées par un divin
« délire, ces deux âmes vinrent un instant
« s'enivrer à la coupe des bienheureux. Près des
« tours crénelées, nous aperçûmes quelques
« figures jaunes, aux yeux caves, et la pitié
« pour ces malheureux, voués à tous les maux,

« à toutes les privations, sans espoir, sans ave-
« nir, fut si douloureuse et si vive, que nous
« n'y pûmes rester que quelques instants. Les
« douleurs sans espérance chargent le cœur
« de l'homme d'un poids qu'il ne peut porter.

« A une heure de là nous touchions à une
« magnifique forêt de pins qui s'élançaient vers
« le ciel avec une légèreté charmante, l'om-
« bre de leurs branches s'épanouissant au
« sommet comme une tente de gaze. A l'entrée
« de cette forêt est un petit château apparte-
« nant au prince Chigi... De ce petit castel,
« une ancienne voie romaine pavée de larges
« dalles grises et noires, va droit à la mer.
« Nous la suivîmes, cherchant des deux côtés
« l'ombre des chênes verts, respirant l'odeur
« de l'épine blanche, du chèvrefeuille et des
« masses d'arbustes en fleur, auprès desquels
« nous nous asseyions parfois, causant et goû-
« tant la beauté de tout ce qui nous entourait
« avec une plénitude de jouissance bien rare
« dans la vie. Au bout de la chaussée sont des

« montagnes de sable, et au delà la mer. Elle
« nous apparut immense, mais comme délais-
« sée du ciel et des hommes. Le soleil tombait
« à plat sur les vagues; rien n'interrompait ce
« mélancolique spectacle, semblable aux pen-
« sées vagues et indéfinies qui précèdent quel-
« quefois le sommeil. Assis sur un sable brû-
« lant, à l'ombre des monticules, nous pen-
« sions au passé, aux maisons riantes qui du
« temps de Pline couvraient ce rivage dépeint
« comme si agréable. Nous pensions aussi à
« Paris, que nous devions bientôt revoir, et
« nous disions comme Pline, dans le regret de
« ce que nous allions quitter : « O doux repos
« de mon Laurente! ô mer! ô rivage, où les
« Muses me disaient tant de choses! C'est ici
« que je sens le vide de cette existence agitée
« de la ville, où sans rien faire on fait pénible-
« ment des riens, tandis que dans cette retraite
« chaque moment est pour moi toute une vie! »

Le récit suivant, auquel le nom de Pie IX
prête un intérêt véritable, est fait avec un

mélange charmant de gaieté et d'émotion. On
ne saurait donner une idée plus vraie de ce
peuple de Rome, ouvert à tout vent d'impression, si sagace et si mobile que rien de ce qui
est beau ne peut laisser indifférent, ni ne
saurait fixer.

« Nous étions tranquillement occupés le soir
« à causer de ce qui venait d'arriver [1] et à ad-
« mirer les expressions élégantes de l'édit
« d'amnistie, dont l'auteur était le Pape lui-
« même, quand les cris du peuple qui accou-
« rait à quelques pas de notre jardin sur la
« place du Quirinal se font entendre avec vio-
« lence.

« La curiosité nous prend et nous nous
« levons tous spontanément, et nous voici,
« M. Rossi me donnant le bras, tandis que
« l'abbé de F.. , l'abbé L..., M. D..., tâton-
« naient au travers le jardin par les plus épais-

[1] L'amnistie générale accordée par le pape Pie IX le 17 juillet
1846, un mois après son avénement. M. Rossi était alors ambassa-
deur de France auprès du Saint-Siége, et le prince de Broglie premier secrétaire d'ambassade.

« ses ténèbres. Arrivés à l'extrémité il ne
« nous restait plus que quelques pas à faire
« pour être sur la place du palais : elle était
« déjà couverte de monde. Cependant des
« troupes de gens, de mine assez singulière,
« portant des torches allumées et criant *Viva*
« *Pio Nono !* ne cessaient d'arriver : ils mar-
« chaient en mesure au son de la musique,
« rangés en lignes parallèles, leurs mouchoirs
« attachés à de longs bâtons. Beaucoup étaient
« en chemise, les manches retroussées; pres-
« que tous étaient nu-tête et avaient l'air fort
« animés. Au premier moment, l'aspect de ces
« bandes n'avait rien de rassurant et leurs
« cris sourds, qui pouvaient signifier tout ce
« qu'on voulait, me faisaient peur, je dois l'a-
« vouer. Je voyais le peuple marchant à la
« prise de la Bastille.

« Je n'aime pas le peuple, » disait derrière
« moi M...., avec l'accent d'un gentilhomme
« émigré. Au fond l'intention de ces Transté-
« verins, à la peau brune et aux yeux étin-

« celants, était des plus pacifiques; ils ne
« voulaient que remercier le Pape et ils l'ap-
« pelaient de toutes leurs forces. Le ciel était
« chargé de nuages d'un bleu très-foncé, d'où
« se détachaient en blanc l'obélisque et le palais
« illuminé par la teinte rougeâtre des torches.

« Au-dessous de la traînée lumineuse
« qu'elles projetaient, la foule formait une
« masse noire et compacte. Après dix minutes
« d'attente environ, on aperçut enfin, à tra-
« vers les persiennes des fenêtres du palais,
« une lumière se dirigeant vers le balcon, et,
« un instant après, le Pape parut dans son
« beau costume blanc. Il fut reçu par des ap-
« plaudissements frénétiques; l'enthousiasme
« était si grand qu'il nous gagna à notre tour
« et nous nous mîmes à applaudir sans trop
« savoir ce que nous faisions, tandis que le
« Pape, les bras étendus, appelait la béné-
« diction de Dieu sur cette assemblée popu-
« laire. Il suffit de ce signe de croix pour
« faire à l'instant cesser tout ce bruit : et toute

« cette foule, à ma grande surprise, se retira
« dans le plus grand ordre. C'était pour la
« troisième fois, depuis le commencement de
« la soirée que cette scène se renouvelait : ja-
« mais je n'avais rien vu de plus saisissant. La
« nuit couvrit de ses ailes mystérieuses cette
« masse de gens de tout âge, de tout sexe, de
« toute condition, mêlés les uns aux autres sans
« confusion et sans désordre, la voix d'un prê-
« tre s'élevant au-dessus des acclamations, et le
« recueillement de la prière succédant soudain
« à tout ce mouvement...

« ..... Malgré ma profonde émotion, je n'a-
« vais pu m'empêcher de rire de bon cœur de
« l'enthousiasme un peu excessif de ..., qui,
« n'ayant pas assez de ses bras et de sa voix
« pour exprimer sa joie, s'était mis à danser
« et sauter, comme le bon roi David devant
« l'arche, et enfin ne pouvant plus se contenir,
« s'était pris de querelle avec un voisin plus
« tranquille qui ne se donnait pas tant de mou-
« vement. Si le pauvre homme n'avait pas

« consenti à ôter son chapeau et à le faire
« tourner au bout de sa canne, je ne sais vrai-
« ment pas ce qui serait arrivé. »

Bien des années de bonheur s'écoulent, les
devoirs se multiplient et en ouvrant le cœur
à de nouvelles jouissances lui donnent des
préoccupations nouvelles. La souffrance, si ce
n'est l'inquiétude, commence à peser sur la
vie; il faut s'éloigner pour aller retrouver des
forces sous un autre climat. Et après un séjour
en Afrique, qui laissait espérer le retour à la
santé, mais n'a fait que tromper le mal, un
second départ plus douloureux, puisque alors
elle se séparait de deux de ses enfants, est im-
posé à la princesse de Broglie. A travers ces
épreuves le fond de son âme n'est pas assom-
bri, mais elle est plus naturellement ramenée
par les images de la terre aux pensées du ciel.

« Qu'y a-t-il de plus ravissant qu'un jour
« d'été, au milieu de l'hiver, » écrit-elle de Pau,

le 9 février 1860. «Rien de plus charmant
« qu'un souffle léger et chaud succédant à un
« vent aigu. Ce jour d'apaisement et de lu-
« mière pour la nature en lutte avec la furie
« des éléments semble nous parler d'autres
« cieux, d'un monde meilleur et paisible suc-
« cédant à ce temps de guerre. Hier il faisait
« froid, la neige était à la porte; aujourd'hui,
« tout est fête au logis comme à la campagne,
« les rayons d'or pénètrent par les fenêtres et
« rayonnent au loin sous nos yeux, tout est
« joli, tout est riant, et cette désolation de la
« plaine, qu'est-elle devenue? Où sont ces
« arbres noirs, cette herbe fanée, cette couleur
« jaune et grise, si triste et si pauvre? Tout
« cela est passé, tout cela est oublié. La gloire
« des cieux est descendue sur la terre, elle
« brille, elle est parée. Merveilleux effet du
« soleil, la joie est partout et l'on oublie que
« demain peut-être reviendront la tempête et
« le froid. »

..... « Il faut être jeune pour aimer les as-

« pects sauvages et ne pas redouter l'espace.
« Quand on est vieux, on préfère les cercles
« rétrécis; la maladie, précurseur de la vieil-
« lesse, fait comprendre cela. L'horizon allant
« se rétrécissant devant soi, on n'aime pas à
« trouver le monde extérieur trop en désaccord
« avec son monde intérieur. Le ciel devient la
« seule place où la pensée soit reine et maî-
« tresse et pour s'élever jusque-là il ne faut pas
« une grande place sur la terre. Une pauvre
« petite chambre, un lit de malade est tout ce
« qu'il faut. Ceci me rappelle une histoire de
« l'évêque d'Alger. Il visitait un jour une pau-
« vre petite fille bien malade dans un grenier
« et comme elle manquait de tout et qu'il s'ef-
« forçait de la consoler, elle lui dit : « Regar-
« dez, je vois le ciel par cette petite lucarne et
« cela me console. » Le tout est d'avoir sa lu-
« carne ouverte vers le ciel.

« Quand la vie court avec le sang à gros
« bouillons dans les veines, c'est alors qu'on
« aime les lieux déserts et arides, les plaines à

« perte de vue, les monts entassés et comme je-
« tés pêle-mêle et sans mesure les uns sur les
« autres. Alors le « long avenir et les vastes
« pensées, »… l'immensité convient seule aux
« forces immenses de notre âme, et elle pare
« richement de son surplus ces campagnes
« mortes et désolées, ces hautes montagnes,
« ces grandes artères de la terre qui devraient
« nous faire sentir notre néant, et nous re-
« lèvent d'autant plus à nos propres yeux.
« Grandeur! immensité! tu fais ma force, ma
« joie aujourd'hui, que je ne compte encore
« qu'un petit nombre d'années. Je sens qu'un
« jour, bientôt peut-être, tu m'accableras d'un
« poids insupportable et que je détournerai
« les yeux pour ne plus te voir. Je chercherai
« plus vaste que toi encore, plus animé sur-
« tout; ce qui me conviendra, ce sera le monde
« infini, parlant et plein d'accueil, où j'aper-
« cevrai une vie nouvelle, une vie meilleure
« et une destinée sans fin. »

Nous pourrions multiplier beaucoup ces ci-

tations, et il nous coûte de choisir entre elles,
car toutes portent une même empreinte; elles
élèvent et réjouissent le cœur; jamais l'amour
des œuvres de Dieu n'y est séparé de l'amour
du Créateur, non, pas même dans les émotions
les plus vives, celles qui sembleraient devoir
le plus distraire l'âme sur la terre. Ces paroles
du Psalmiste reviennent à l'esprit : « Les cieux
racontent la gloire de Dieu. » En effet, toutes
choses chez la princesse de Broglie, allaient à
sa gloire. Pas un goût qui ne se rattachât à lui
par quelque lien, pas un de ses dons, jusqu'aux plus frivoles, qu'elle n'ait fait servir à
sa louange; et ceux-là même qui sont si souvent employés à détourner de lui notre esprit,
elle les lui a consacrés.

Chaque génération, d'ordinaire, apporte
son empreinte au lieu qu'elle habite; en ce
temps-ci surtout les recherches et les exi-
gences du luxe viennent effacer sous leur
fausse grandeur l'unique grandeur des objets
matériels, le souvenir du passé. En entrant

dans la demeure de la famille à laquelle elle s'était alliée, la princesse de Broglie trouvait ce genre de souvenirs bien vifs encore et bien récents : car elle y remplaçait la mère de son mari enlevée peu d'années auparavant[1]. La princesse de Broglie avait compris que là où avait vécu une des plus nobles créatures qui furent jamais, celle dont la mémoire est restée gravée comme au premier jour au cœur de ceux qui l'ont connue, et plane sur toutes les demeures qu'elle a traversées, là on devait respecter jusqu'aux moindres traces de son passage. Les anciens amis peuvent retrouver à leur place tous ces souvenirs bien connus. Mais, sans rien détruire de ce qui avait été, ni rien y ajouter, la princesse de Broglie a laissé aussi un souvenir d'elle qui nous reste comme un témoignage de sa foi : une chambre de Broglie habituellement fermée et où se conservaient autrefois les archives de la famille, fut desti-

---

[1] La duchesse de Broglie, fille de madame de Staël, était morte à Broglie en 1838.

née par elle à devenir la chapelle du château.
Là elle se plut à faire retracer les belles
figures des anciennes basiliques sous les-
quelles on pouvait reconnaître de jeunes et
chères images; les ornements des catacombes
qui lui rappelaient ses pieuses excursions de
Rome. C'était dans ce lieu qu'elle avait rêvé
son avenir de joie : elle a pu y voir célébrer
un jour le saint sacrifice et y demander à
Dieu la force de tout quitter pour lui; c'est là
où notre pensée la retrouve entourée de tout
ce qu'elle a aimé, telle que notre espérance
nous la fait voir dans le ciel avec une auréole
de sainteté autour de son front si pur, au milieu de ces bienheureux, l'objet de ses médita-
tions et dont le bonheur la faisait tressaillir.

Nous ne voulons pas nous arrêter sur les
jours de misère qui ont précédé sa sortie de
la vie; nous le croyons, la triste vérité lui
était par moments apparue, et avec l'héroïsme
que les femmes les plus timides trouvent sim-
plement dans un grand amour, elle accepta

d

silencieusement la volonté de Dieu, ne voulant pas briser avant l'heure par un soupir exhalé d'autres courages. Huit jours avant sa fin, le lundi 19 novembre, elle écrivit les dernières lignes de ses *Vies des Saints*, soulignant d'une main bien faible toutes les expressions des premiers chrétiens sur la sainte Eucharistie. Puis, demandant quel jour on était : « Il est si « triste, dit-elle, de ne plus aller à l'église, on « ne sait plus les jours. » Dieu voulait lui épargner de la mort les plus pénibles angoisses ; en lui laissant toute la clarté de sa lumière pour penser aux joies qu'elle allait trouver près de lui, il voila dans un demi-sommeil l'amertume des séparations ; elle se crut entourée de tout ce qu'elle aimait : « J'ai « vu mon père, mon frère, ma sœur ; ils sont « repartis, mais vous leur direz tout ce que je « n'ai pu leur dire. » Puis, quelques instants après : « Je ne suis pas sûre de les avoir « vus, mais je suis sûre de les avoir embras- « sés. » Il était tard dans le jour ; on hésitait

à appeler le prêtre auprès d'elle : le voyant
entrer, elle crut qu'il venait lui dire la messe
dans sa chambre; remplie de joie, elle de-
manda à recevoir la sainte Communion, et
voulut se parer pour l'arrivée de son Dieu;
puis : « Oh! maintenant, dit-elle après l'avoir
« reçu, Dieu est avec nous; quoi qu'il arrive,
« tout ira bien; il n'y a rien à craindre! »
Plusieurs fois elle répéta : « Quel jour de fête!
« quel jour de fête! » exprimant presque dans
les mêmes mots cette joie qu'elle avait res-
sentie le jour de sa première communion,
alors qu'elle demandait à Dieu de la prendre
à lui dans la plénitude de son bonheur, et
s'étonnait de se réveiller au matin, ayant cru
s'endormir dans son sein.

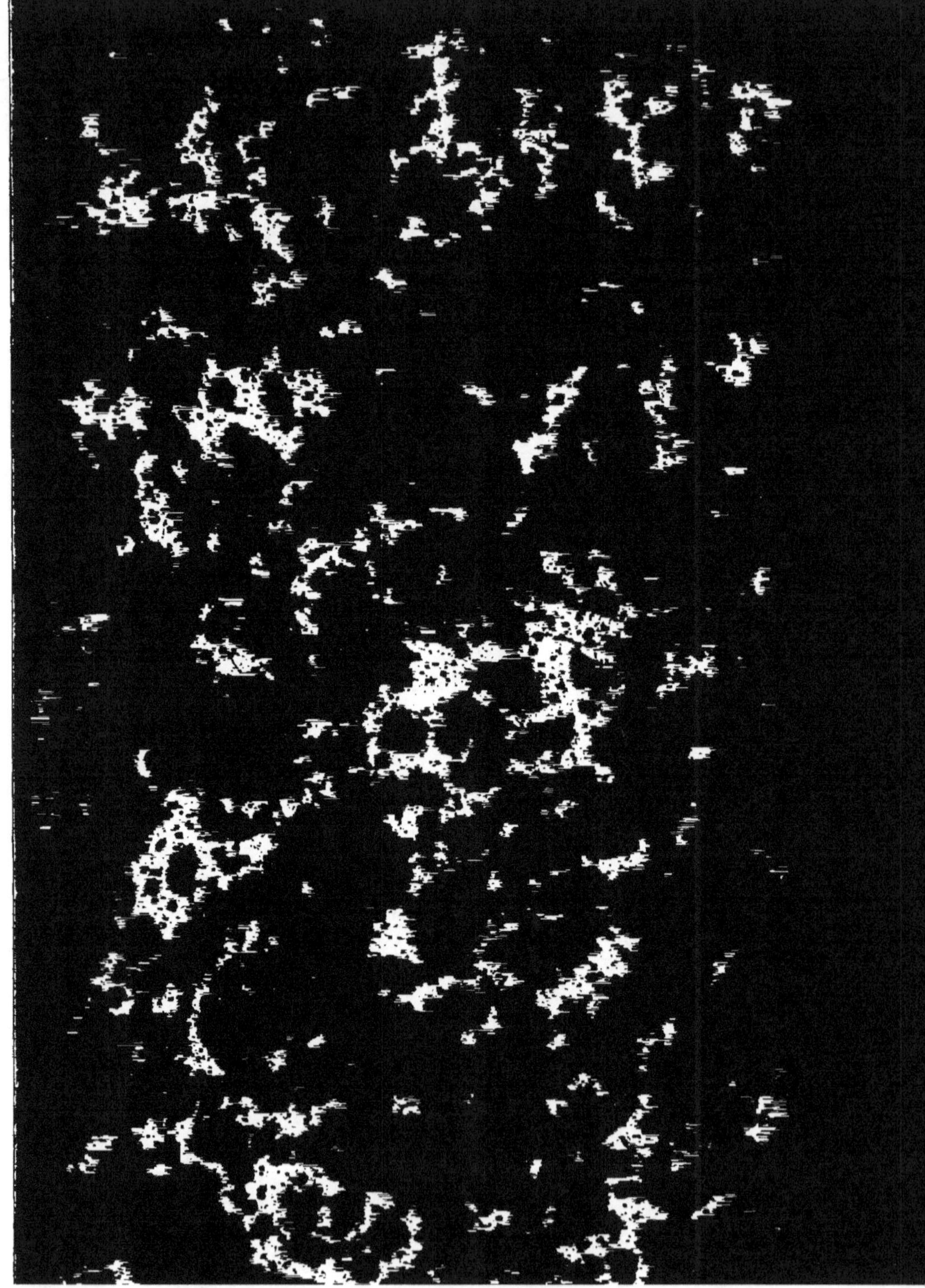